AF555202

# IDÉALISME

# POLITICO-SOCIAL

## ET MORAL,

**Par H. TEISSIER.**

JUSTICE, HUMANITÉ.

—

Peut-on s'empêcher de rire en voyant des gens qui, pour de l'argent, prêchent le mépris des richesses?

FONTENELLE.

A VAISE-LÈS-LYON, CHEZ L'AUTEUR,

GRANDE-RUE, N. 40.

—

1848.

IMPR. DE LOUIS PERRIN, RUE D'AMBOISE, 6.

# AVANT-PROPOS.

Lorsque notre dernière Révolution a éclaté, qui déjà par ses résultats nous fait espérer de voir enfin la liberté, l'égalité et surtout une justice bienfaisante régner sur la terre, je m'occupais d'un *opuscule* devant avoir pour titre : *Idéalisme astronomique et autres*, dont l'écrit qui va nous occuper maintenant devait être la dernière partie, pour le tout être successivement soumis à l'examen de l'Institut.

Mais les événements se succèdent avec une telle rapidité, et cette dernière partie est tellement de circonstance, que nous croirions manquer à notre devoir d'homme et de citoyen de ne pas commencer par où nous avions l'intention de finir, et même avec la plus prompte hâte; ce qui nous empêchera de la rendre aussi complète que nous l'eussions désiré. Mais, si nous péchons par ce côté, nous nous trouvons bien dédommagé par la liberté acquise de pouvoir dire franchement toute notre pensée.

Nous la dirons avec toute la convenance possible, mais aussi avec toute la franchise dont nous sommes capable : elle sera l'expression la plus profonde de notre conviction. Nous la dirons pour aider au bonheur de la société, et parce que nous n'approuvons pas le labeur dont on s'occupe pour l'organisation du travail, qui selon nous ne pourra jamais se réaliser : d'ailleurs, augmenter la journée de l'ouvrier aux dépens du maître-ouvrier, qui, dans bien des parties, n'est pas plus avancé que celui qu'il occupe (dans la fabrique de soierie, par exemple), sans faire augmenter ce dernier par le marchand-fabricant, disons-le, c'est une injustice; et si vous le faites, c'est une injustice encore plus grande à l'égard du marchand, qui, déjà accablé par la concurrence, ne sait plus où prendre pour la combattre. Ne vaut-il pas mieux viser au moyen d'augmenter indéfiniment le nombre des consommateurs, tout en diminuant le nombre des travailleurs industriels ? Par là vous augmentez le travail et vous diminuez la concurrence entre les travailleurs, seul moyen de placer tout le monde convenablement; mais cela n'atteindra pas le but que nous nous proposons, si, par nos préjugés, nous laissons subsister des institutions dont l'essence a été de tout temps et serait toujours de corroder la société autant que faire se peut.

Ainsi, combattre les ténèbres par les lumières, tel est aussi notre but, seul moyen de faire progresser les sociétés vers un avenir de bonheur durable. D'ailleurs, ne nous y trompons pas, c'est par les lumières que nous rapprocherons l'homme de la Divinité, l'état de nature n'étant que le point de départ avec tous les éléments que l'Être essentiellement infini a mis à notre disposition.

Nous sommes donc diamétralement opposé à ceux qui nous crient sans cesse : *N'avancez pas ! imitez la sagesse de vos pères !* N'est-ce pas risible ? Que penserait-on de nous si nous allions dire aux Iroquois, lorsqu'ils seront civilisés : « N'avancez pas ! imitez la sagesse de vos pères, « de il y a deux ou trois siècles !.... »

---

Sans chercher à remonter à l'origine des temps, sans nous inquiéter si nous sommes venus un seul ou plusieurs ensemble, et comment cela s'est fait, attendu que ce serait en pure perte, disons tout simplement :

1° Que la nature de l'homme n'a pas dû changer; que l'instinct de conservation, qui se développe avec la raison, est inné en lui comme chez tous les animaux; que son premier soin sera toujours de penser d'abord à lui, et que toutes les concessions qu'il pourra faire n'auront lieu qu'en vue d'améliorer son existence : il lui faut des compensations.

On est ignorant dans un siècle, disait le très spirituel Fontenelle, mais la mode d'être savant peut venir; on est intéressé, mais la mode d'être désintéressé ne viendra point.

2° Que, dès qu'il y a eu plusieurs hommes dans un même lieu, le besoin d'un pacte social entre eux a dû se faire sentir, soit pour se mettre à l'abri, sous l'égide de tous, des prétentions injustes d'un ou de quelques-uns d'entre eux, soit pour repousser les attaques de l'ennemi du dehors; et ce pacte a dû se faire tout-à-fait dans l'intérêt personnel de chacun des membres de la société, avec d'égales conditions de bien-être et de prospérité, que l'on a forcément cherché à concilier avec l'intérêt général.

Dans ce pacte, nous ne pensons pas qu'il ait été convenu que celui qui ne voudrait rien faire serait entretenu par ceux qui travailleraient, ce qui aurait été très injuste; mais qu'au contraire chacun en particulier pourvoirait à sa subsistance et à celle de sa famille, ce qui nous paraît très naturel; ensuite, que s'il en était empêché par la vieillesse, des maladies ou des infirmités, l'obligation imposée à chacun d'eux retomberait sur tous à son égard : cette loi nous paraît bien naturelle aussi et de toute humanité.

Dès l'origine des sociétés, la paresse a dû être combattue par les lois, et le travail, au contraire, fortement encouragé.

Comment punir le paresseux ? En établissant qu'il n'aura que ce qu'il gagnera ou qu'il fera produire. Et comment encouragera-t-on le travailleur ? En lui promettant que tout ce qu'il aura gagné ou fait produire lui sera garanti par tous, pour lui et sa famille. Rien de plus juste, selon nous ; mais on abuse de tout.

La société, la nation, comme l'on voudra, occupe une certaine étendue de territoire, dont chaque citoyen fait valoir une partie exclusivement aux autres, et dont quelques-uns sans doute sont dispensés, parce qu'ils sont chargés de la gestion commune.

Le droit de jouir exclusivement d'un objet quelconque peut bien faire l'usufruit, mais non encore la propriété, ainsi que nous l'entendons dans toute l'acception de ce mot ; car cette partie de territoire, qui vous est échue pour la faire rendre, passera en d'autres mains dès que vous ne pourrez plus la travailler. Il faut donc une autre loi qui vous permette de devenir propriétaire de ce terrain ; et cette loi, comme toutes les autres, ne peut être faite que par tous et dans l'intérêt de tous.

Il a donc fallu, pour aliéner une partie du territoire, que cela fût à la convenance de chacun des citoyens, pensant que ce qui convenait aujourd'hui à l'un d'eux pourrait fort bien convenir demain à chacun d'eux tous.

Par conséquent, cette aliénation n'a pu porter que sur une faible partie, pour conserver le même droit ou les mêmes prétentions à chacun des membres de la société. Cette vente n'a pas dû non plus affranchir la propriété des charges communes; parce que, s'il en eût été ainsi, tous pouvant avoir le même droit, il aurait pu en résulter que personne n'aurait participé aux charges de l'Etat, ce qui serait une absurdité de le supposer; seulement, elle aurait pu être grevée, sans inconvénient, d'une moindre charge.

Ensuite, la civilisation ayant progressé, la culture des terres n'ayant plus été l'occupation exclusive des citoyens; les uns s'étant adonnés au commerce, aux sciences, aux belles-lettres, aux arts, etc., il a dû être établi par une loi que, les terres ne pouvant demeurer sans culture, chaque propriétaire devait s'arranger pour que sa terre continuât à être cultivée. De là, sans doute, les cultivateurs de profession, qui dès le principe durent imposer telles conditions qu'il leur plut, entre autres celle, par exemple, assez naturelle, d'avoir la presque totalité des fruits qu'ils feraient venir. Mais, à la fin, la plupart des citoyens ayant abusé de la loi qui permettait d'acquérir des terres, il s'ensuivit qu'une grande quantité passa dans les mains d'un seul, et que d'autres en furent totalement privés. Alors les propriétaires firent la loi à leur tour, et les travailleurs ne furent que des instruments serviles dont ils se servaient comme et à tel prix qu'ils l'entendaient. Tout était donc bouleversé. La loi ainsi interprétée est donc horriblement injuste, puisque, renversant des droits naturels qui auraient dû être imprescriptibles, elle met à la merci des propriétaires l'existence des autres citoyens.

Mais ce n'est pas tout : cette position des cultivateurs ou plutôt des journaliers, que l'on s'est habitué à considérer comme naturelle, s'est étendue à toutes les autres classes des travailleurs, si bien que la loi qui les déclare libres ne serait qu'absurde si elle ne déterminait pas les moyens à employer pour réparer l'injustice que des abus trop longtemps prolongés ont fait peser sur eux, afin de les replacer dans une position convenable que la justice et l'humanité réclament.

Cette réparation doit se faire sentir de suite, sans cependant froisser les fortunes acquises ; de manière pourtant que celles territoriales diminuent insensiblement jusqu'à ce qu'elles soient en rapport avec les lois civiles à organiser, lesquelles seront toujours justes si l'on admet pour principe de n'exiger pour soi que ce que l'on veut pour tous, évitant d'en empêcher la réalisation par une conséquence d'un faux jugement.

La loi devrait donc défendre l'acquisition de

terrain à ceux qui en posséderaient déjà, en terres labourables, prés, propriétés bâties, etc., pour 30 à 40 hectares, par exemple.

Elle déclarera en même temps qu'elle reconnaît à tout propriétaire le droit d'aliéner sa propriété comme il l'entendra, mais qu'en cas de décès, ou par contrat de mariage, de donation au dernier vivant, la nation seule héritera des immeubles; les objets mobiliers deviendront la propriété des ascendants s'il y en a, ou de tout autre qui aura pu être désigné par le décédé; à défaut, ils seront vendus, pour leur produit être versé au trésor national.

S'il existe des ascendants, bien entendu en igne directe, l'Etat leur desservira une rente viagère à raison d'un pour cent des immeubles qui appartenaient au défunt.

La loi n'exclura pas le droit de vendre ou donner sa propriété à des collatéraux; seulement l'acte aurait dû être enregistré un an avant le décès, pour avoir son effet immédiat, et alors le droit de mutation serait triple pour le collatéral au premier ou au deuxième degré, et double pour tous les autres jusqu'au cinquième degré. Rien ne pourra motiver l'acceptation des immeubles si celui qui reçoit en a déjà pour 30 à 40 hectares; et afin que l'Etat ne soit pas frustré d'une partie des susdits droits de mutation, les parents aux cinq premiers degrés compléteront les fixations de trois fois ou deux fois, selon le degré de parenté, dans le cas où la propriété serait passée en des mains étrangères avant de venir à eux.

Les terres nationales seront, de préférence, données à ferme à ceux qui rentreront du service militaire; tous ensuite y auront droit. Le prix de ferme devra être très modéré : par exemple, l'impôt foncier serait triplé, mais avec l'abandon de la première année, pour que ces fermiers pussent acheter les ustensiles nécessaires et se mettre en avance.

Déclarer que chaque citoyen est serviteur de l'Etat, et qu'arrivé à un certain âge il sera pensionné : par exemple, à 60 ans, 200 fr.; à 65 ans, 300 fr.; à 70 ans, 500 fr. — Pensionner les femmes aux deux tiers des hommes, mais cinq ans auparavant; par exemple, aux 2/3 de 200 fr. à 55 ans, et ainsi de suite.

Pensionner aussi les infirmes, ceux incapables de travailler.

Pour desservir toutes ces pensions, compter sur une somme annuelle de trois cent millions. — Réduire, en conséquence, ou augmenter les fixations ci-dessus; devancer l'âge de cinq ans, si c'est possible. Ceux qui auraient déjà devers eux la rente fixée, n'y auraient aucun droit;

pour ceux qui en auraient une partie, on la compléterait.

Enfin, pour consolider sur des bases indestructibles notre nouvel Etat et rendre toute sécurité, même aux plus craintifs, il serait à désirer que l'on desservît toutes ces pensions, mensuellement, à partir du 1er avril prochain.

Garantir les récoltes principales, en grains, vins et autres semblables : c'est-à-dire que l'on compléterait au propriétaire le montant de ce que lui rendent ses récoltes année commune, ceci devrait-il aller à cent millions.

Les impôts seraient payés pour les propriétés nationales, louées ou affermées (n'exceptant que celles à l'usage public), comme si c'étaient des propriétés particulières; et, au fur et à mesure de l'augmentation du revenu des propriétés nationales, cette augmentation servirait à diminuer les impôts et à améliorer autrement encore la position des citoyens.

La loi devrait aussi déclarer l'abolition entière de la dette publique. La conserver, c'est faire une injure très grave à la nation, parce que c'est protester contre ses droits les plus sacrés; c'est lui dire : « Nous t'obligeons à respecter ce que quelques-uns ont fait en l'absence de presque tous et contre la presque totalité des citoyens. » D'ailleurs, l'abolition de cette dette, que l'on peut appeler monarchique ou aristocratique, était dans l'idée de tous, le cas de république échéant; c'est bien assez d'en avoir supporté le fardeau pendant si longtemps. Au surplus, la conserver, ce serait donner lieu de supposer que le nouvel État ne sera démocratique que de nom, et dès-lors la tiédeur des citoyens s'ensuivant, il pourrait se faire que des prétendants ambitieux arrivassent à leurs fins. Il convient donc de l'abolir, ne serait-ce que pour empêcher un abus aussi monstrueux de se reproduire, et surtout pour calmer la crainte des citoyens dévoués à la patrie et à l'humanité. Maintenant, pour la portion concernant les caisses d'épargne, il nous semble que même les plus nécessiteux doivent voir avec plaisir la mesure que nous proposons, puisque, sans y verser davantage, il aura droit à une pension à l'âge de 60 ans. Il n'y a donc lieu à aucune exception.

Par tous ces moyens, quel avenir consolant se présente à nous! Les forts démolis et les bâtiments conservés, on peut donner le terrain en ferme à de nombreux ouvriers. La ferme étant gratuite pour la première année, leur position est faite: peut-être existera-t-il un peu de gêne au commencement; mais, florissante inévitablement avant six mois, dès-lors le zèle de ces citoyens est indéfiniment acquis à la nation pour le bonheur public.

Tous les autres terrains nationaux propres à la culture étant donnés de la même manière, on arriverait de suite à un état satisfaisant.

La misère disparaissant, les hôpitaux deviennent inutiles; les propriétés des hospices reviennent donc de droit à la nation. Les propriétés des établissements religieux seront confisquées au profit de l'Etat; les....... ; mais ici déjà, bien que nous n'ayons pas encore fini, nous entendons vociférer à nos oreilles : « Vous êtes un impie !... »

O mes chers concitoyens ! avant de me juger, écoutez bien, je vous prie, ma profession de foi :

Nous ne croyons nullement aux athées, nous ne le sommes donc point. Nous croyons, au contraire, en un Dieu infiniment bon, puissant et juste. Bien loin de le craindre, nous l'aimons; et comme notre amour est infini, c'est dire en d'autres termes que nous l'adorons. Son temple est dans notre cœur. Nous ne le prions jamais, parce que nous pensons qu'il a beaucoup fait pour nous; tous les maux qui ne sont pas inséparables de notre nature viennent des hommes. Dieu n'est pas plus pour les catholiques que pour les mahométans et autres; il est pour tous également, sans cela il ne serait pas juste : toutes ces nuances diverses sont nulles devant lui, il n'y a que la saine morale qui ne le soit point. Il est unique en puissance, en bonté, en justice infinies.

En voyant presque partout la vertu gémir, l'innocent opprimé, le fourbe et l'indigne dominer, les hommes n'ont pas vu d'autre moyen, pour répondre à ce contraste d'un Dieu infiniment bon, que de supposer un mauvais esprit qui combattait le bon et qui l'emportait presque toujours sur lui. Les bonnes gens n'ont pas vu qu'ils faisaient perdre, par cette invention de leur esprit, toutes les qualités de l'infini à la Divinité, c'est-à-dire qu'ils l'anéantissaient.

Nous trouvons les matérialistes beaucoup moins déraisonnables, qui, pensant que la matière est infinie, partent de ce principe pour supposer que Dieu est l'ensemble de tout ce qui existe dans l'univers, et que nous en sommes une partie. Le célèbre astronome Képler pensait que la terre était un animal intelligent. Que dire à cela ? et que penserions-nous d'un animalcule, infiniment plus petit que le ciron et qui se promène en nous comme nous nous promenons sur la terre, s'il venait à penser que nous sommes un animal intelligent ?

A notre tour, disons notre pensée, nous qui ne croyons nullement au mauvais esprit, parce que nous nous plaisons à croire qu'il est un Dieu avec toutes les attributions d'infini que nous lui avons supposées.

Supposons qu'il s'agisse de créer la terre avec tout ce qu'elle comporte, et que tout a vie, les pierres et les métaux avec leur suc lapidifique, les végétaux avec leur sève, les animaux et nous avec le sang. Sans nous inquiéter de l'analogie qui peut exister entre ce suc, la sève et le sang, avouons cependant que les corps bruts ou organisés, ainsi faits, nous plaisent infiniment par leur variété, font toute notre admiration, et que nous n'y voudrions rien changer, en aurions-nous les moyens, de crainte de faire beaucoup plus mal. Puisque tout a vie, on peut supposer que tout est intelligent. Comment faire, à présent, pour être juste ? C'est de ne douer chacun de ces corps que de l'intelligence nécessaire à la condition de leur nature, de manière que chacun trouve sa forme la plus belle et sa condition la meilleure. Et c'est précisément ce que le Créateur a fait ! Vois l'homme presque partout supposer que Dieu l'a fait à son image ! Mais tu n'es pas encore satisfait, tu voudrais être insensible. Insensé ! ne vois-tu pas que c'est désirer d'être pierre ou métal ? O homme ! rends grâces à Dieu de t'avoir placé au plus haut degré de la création.

Dieu est donc infiniment juste, puissant et bon : les sensations, si elles sont la cause de quelques maux, sont aussi la cause de toutes nos délices. C'est par les sens que nous voyons, que nous touchons, que nous entendons, que nous savourons, que nous causons, et surtout que nous reproduisons notre semblable; à la vérité, comme un instrument aveugle de la Divinité, qui nous fait une telle loi pour perpétuer notre espèce, comme elle nous fait celle d'aimer nos enfants jusqu'à ce qu'enfin ils puissent se passer de nous. *Ce temps arrivé*, dit Jean-Jacques, *le lien naturel se dissout. Les enfants exempts de l'obéissance qu'ils devaient au père, le père exempt des soins qu'il devait aux enfants, rentrent tous également dans l'indépendance.* Ajoutons, nous, que la Providence, en nous faisant naître, croître, décroître et mourir, semble nous indiquer aussi par là que, après avoir été soignés par nos parents tandis que nous étions faibles, que nous ne pouvions pas suffire à nos besoins, nous devions par conséquent, à notre tour, avoir soin d'eux, précisément parce qu'ils se trouvent dans la même position où nous étions.

Revenant à notre sujet, nous désirerons aussi l'abolition de tous les cultes, comme nuisibles à la société, laissant à chacun la liberté de penser ce qu'il voudrait, pourvu qu'il se conformât aux lois civiles consenties ou acceptées par tous. Voici pourquoi :

1° Parce que leur multiplicité divise les hommes ; et la base de tous étant fausse, les prêtres mêmes de chaque culte sont très divisés entre eux. Voyez les schismes qui ont existé et qui existent encore : on peut les compter par centaines.

2° Parce que leurs institutions sont en contradiction flagrante avec la pure morale ; n'ayant jamais eu pour but que de tromper les hommes, en les aveuglant sur leurs véritables intérêts, afin d'aider à les gouverner ou opprimer (c'était synonyme) dans un intérêt tout-à-fait personnel.

Aussi, est-ce un crime abominable de ne pas croire sans examen.

3° Parce qu'ils sont entièrement opposés aux progrès des lumières, et par conséquent de la civilisation.

Voyez leur frayeur à la moindre vérité qui surgit. — Voyez-vous d'ici sept cardinaux sévir contre le vénérable Galilée, vieillard de 70 ans, l'un des plus grands hommes de son siècle, parce qu'il avait démontré que la terre était ronde et qu'elle tournait ?

Entendez-vous leurs Pères de l'Eglise, Lactance, S. Grégoire de Nazianze et autres, s'écrier de toute la force de leurs poumons : « Où sont les insensés qui croient que nous avons des antipodes ?.... »

Aujourd'hui, ils sont plus raisonnables; sans

doute depuis qu'on leur a dit que Josué, qui crut arrêter le soleil, ne marchant pas, n'avait pas besoin d'en savoir davantage pour être prophète. ( Voyez *Leçons d'astronomie*, par DELAMBRE. )

Au surplus, ceci ne doit pas nous étonner, et faire supposer que ce n'est applicable qu'aux dogmes chrétiens ; car toutes les religions ayant pris naissance dans les temps les plus barbares, doivent avoir à peu près toutes les mêmes erreurs physiques. Aussi voyons-nous, entre autres, l'astronome Aristarque qui enseignait également, environ trois siècles avant J.-C., que c'était la terre et non le soleil qui était en mouvement, être accusé d'impiété par le stoïcien Cléanthès, pour avoir troublé le repos de Vesta, c'est-à-dire de la Terre et des dieux Lares, protecteurs de l'univers. Voyez-vous notre petit globule protecteur de l'univers !

Ajoutons qu'un phénomène céleste, qui n'est pas encore prévu par les astronomes, peut d'un jour à l'autre venir démontrer plus fortement, si c'est possible, la fausseté de la plupart de ces dogmes.

4o Parce qu'ils rétrécissent les esprits, en concentrant le plus possible les affections ; de manière que chacun demeure persuadé que la patrie n'a droit à rien de notre part tant qu'il y a des parents, fussent-ils au millième degré et ne les connaîtrait-on pas.

Et, bien que vos lois civiles, d'accord en ce point avec celles de Solon, vous permettent de tester en faveur de qui bon vous semble dès que vous n'avez point d'enfants, ne comptez pas que votre dernière volonté sera respectée; notre éducation est trop vicieuse pour qu'il en soit ainsi.

5° Parce qu'ils ont des principes absurdes et monstrueusement injustes, par exemple, celui consacré pour le droit d'aînesse, que notre première Révolution a renversé de fond en comble. Tout à l'aîné, et presque rien aux autres, les filles encore moins : c'est-à-dire, que le père ne doit avoir cette qualité que pour l'aîné. Comme c'est édifiant !

Conciliez à présent cela, si vous pouvez, avec cet amour infini qu'ils vous prêchent pour tous vos collatéraux, et ensuite pour votre prochain.

Et les enfants sont détournés de leurs études sérieuses pour.....

Non! nous ne pouvons nous imaginer qu'un homme s'interpose entre la Divinité et son semblable, en lui disant : C'est moi qui la représente, ou qui suis l'interprète de ses volontés. C'est, selon nous, d'une vanité, d'un orgueil, d'une sottise ou d'un ridicule, pour ne pas dire plus, qui nous dépasse entièrement.

Aussi sommes-nous, de cœur et d'âme, de l'avis du célèbre Laplace, qui, après avoir déploré la niaiserie de deux grands hommes : de Leibnitz, qui, ayant trouvé ou renouvelé l'arithmétique binaire, crut y voir l'image de la création, et qui, dans son zèle chrétien, écrivit au jésuite Grimaldi, dans l'espérance que cet emblème convertirait l'empereur de la Chine ; enfin, de Newton, qui avait commenté l'Apocalypse, ce grand géomètre ajoute (*Leçons aux Ecoles normales*) :

« Quand vous voyez les écarts d'aussi grands « hommes, écarts qui sont dus aux impressions reçues dans l'enfance, vous sentez « combien un système d'éducation libre de préjugés est utile aux progrès de la raison humaine, et qu'il est beau d'être appelés, comme « vous l'êtes, à la présenter à vos concitoyens « dans toute sa pureté, et dégagée des nuages « qui l'ont trop souvent obscurcie. »

Quant à l'opposition de la part des femmes, parce qu'elles sont généralement plus faibles, il suffira, je pense, de leur mettre sous les yeux ce que leur promettent les prêtres. Pour le rendre plus sensible, je me permettrai de leur dire : Prenez des dés, jetez-les ; et, si sur mille coups vous gagnez neuf cent quatre-vingt dix-neuf fois, ou plutôt si sur dix mille coups vous gagnez neuf mille neuf cent quatre-vingt-dix-neuf fois, vous irez en paradis chanter des alléluia pendant toute l'éternité ( ce qui, pour mon compte, soit dit en passant, ne m'amuserait pas beaucoup ); et, dans le cas contraire, vous irez brûler en enfer pendant le même temps. (*Lisez* MASSILLON.)

Disons donc que, les cultes abolis, les prêtres ou ministres qui n'auraient pas devers eux une position convenable continueraient à être pensionnés par l'Etat, jusqu'à ce que celui-ci leur eût donné des emplois, qui ne pourraient pas être moindres de douze cents francs par an; n'exigeant rien contre leur conscience, laissant au temps et à la raison le soin d'extirper ce qu'une éducation vicieuse aurait pu faire germer en eux. Nous ne faisons pas la guerre aux hommes, mais seulement aux institutions nuisibles.

Les cultes abolis, les églises seraient converties en bâtiments d'habitation, ou pour le service public, suivant la localité et leur plus grande utilité. Alors la propriété nationale, augmentée de ces édifices, des propriétés des hospices, de celles des communautés soi-disant religieuses, pourrait déjà occuper une partie passable de la population. Alors la concurrence entre les ouvriers diminue par ce seul fait, leur position s'améliore, tout le monde devient consommateur assez aisé; le travail augmente donc proportionnellement ; une plus grande aisance se fait sentir chaque fois que le revenu de la propriété nationale augmente, puisque l'impôt doit diminuer de la moitié du revenu supplémentaire, et qu'un plus grand nombre de citoyens est enlevé à la concurrence industrielle; enfin, l'autre moitié de ce revenu supplémentaire pourrait servir à augmenter les pensions, ou faire que l'on y arrivât plus tôt.

Les inventions heureuses sont provoquées par de grands encouragements. Loin de détruire les machines, on en inventerait d'autres; les instruments d'agriculture seraient perfectionnnés, afin que le cultivateur fit beaucoup en peu de temps et avec moins de peine. Il en serait ainsi pour toutes les professions. Alors, l'aisance partout, le temps partagé entre le travail et l'étude ou nos délassements, l'Être suprême nous trouverait toujours disposés à lui dire avec la plus vive effusion : « Grand Dieu, nous te remercions! nos temples ne sont plus de pierre ni de marbre; tu vois en nous que nous les avons placés au plus profond de nos cœurs! »

Quant au système gouvernemental que nous désirerions, nous nous bornerons à en montrer l'ensemble, sans entrer dans de grands détails. Nous voudrions que les lumières dominassent partout, pour en chasser les ténèbres; nous voudrions que le subalterne ne fût pas à la disposition du caprice brutal de son supérieur: la révocation devrait donc être motivée et jugée par des arbitres, ou publiquement, au choix de l'inférieur, par les rédacteurs des principaux journaux de la capitale; et enfin, que les emplois fussent inamovibles, tous sans exception, excepté pour les militaires, dont la durée de service ne serait que de trois ou quatre ans, à moins d'une volonté contraire de leur part.

Ensuite, quant à la souveraineté nationale, résidant incontestablement dans le peuple, qu'il nous soit permis, avant de passer outre, de rapporter ce que disait sous notre première république l'honorable Vandermonde, dans une de ses leçons sur l'économie politique, aux écoles normales, attendu que nos idées y sont entièrement conformes. Le voici :

« L'invention des constitutions représentatives « est encore au berceau. Les Anglais croient « avoir une constitution représentative; ils sont « dans l'erreur. Il y a lieu de penser que les « Français parviendront à en avoir une, qu'ils « apprendront aux autres ce grand secret, et que « cela nous mènera à la perfection de l'état so- « cial. Je me suis interdit de traiter ces matières; « je ne me permettrai qu'un mot :

« Une constitution représentative me paraît

« être celle où le peuple ne se dessaisit jamais de « la souveraineté, ni pour un instant, ni en « partie, quoique cependant il ne l'exerce jamais. « Nous avançons vers la solution de cette ques« tion difficile ; elle changera la face du monde. « Il faut que l'insurrection ne puisse jamais être « empêchée, et que cependant elle n'ait jamais « lieu : voilà le problème à résoudre, et les Fran« çais en auront la gloire. »

Soumettons nos idées. Pour imposer cette sonveraineté, il faut s'entendre ; il faut convenir que la majorité l'emportera toujours, et non la violence ; il faut de l'ordre, il faut n'être ému que par sa propre conviction, après avoir entendu le pour et le contre. Le peuple réuni en masse, il y aurait agitation, et dès-lors confusion : il convient donc de voter par catégories de 25 ou 30 personnes chacune, de manière que ce soit le nombre d'individus qui l'emporte et non celui des catégories. Partant, chacune d'elles se formera des trente citoyens les plus voisins ; ils voteront chez celui qui aura le local le plus commode, et qui par ce fait sera le président. Il suffira d'avoir deux urnes avec des boules blanches et noires : les blanches seront pour la loi dont il s'agira, les noires contre ; chacun mettra une boule dans la première urne, et l'autre dans la deuxième, afin que l'on ne sache pas dans quel sens il a voté. Cela fait, on retire les boules de la première; le président compte les unes et les autres, dresse un état sommaire du nombre (en toutes lettres) des boules blanches et de celles noires, ajoute le nombre des citoyens qui ont manqué au nombre de ceux qui ont voté pour, affiche ce résultat sur sa porte pendant deux jours, et le transmet immédiatement, certifié par lui, au président de la deuxième classe, composée de 30 catégories primaires; lequel à son tour transmet sur 30 lignes ces résultats additionnés, après les avoir affichés sur sa porte, au président de la troisième classe, composée de 30 catégories de deuxième classe; celui-ci, après avoir affiché ces résultats, sur 30 lignes aussi, sur sa porte, transmet immédiatement le vote des 27,000 citoyens au journal de la localité désigné pour cet objet; lequel réunit tous les votes du département, et en fait connaître le résultat sommairement par chaque troisième classe.

Ainsi, en donnant une heure pour chaque classe, tous les citoyens auraient voté en trois ou quatre heures au même instant du jour.

Les citoyens qui auraient manqué au vote paieraient une amende de trois francs, à moins d'empêchement forcé bien constaté.

Quant à la nature de leur vote, nous avons dû la résoudre dans le sens favorable à la loi; puisque, s'ils y avaient réellement été opposés, ils se seraient présentés pour voter.

Voilà donc le Tribunal souverain établi et subsistant toujours.

Comme ce tribunal ne doit exercer sa puissance souveraine que lorsqu'il lui conviendra, il est indispensable qu'il établisse un pouvoir en sous-ordre pour veiller à l'exécution des lois préétablies, et qu'il en fasse même d'autres, qui auront toute force si le peuple n'intervient pas dans les quinze premiers jours de leur date.

Pour empêcher l'effet de ces lois, il faudra le vote de tous les départements et la majorité absolue des citoyens : cependant, à défaut de tous les départements, on rangera, d'après le principe établi pour les catégories, les départements qui se seront abstenus de voter dans la classe de ceux qui auront voté pour la loi, et ils seront comptés selon leur importance, d'après le nombre des citoyens qui les composent.

Ce pouvoir en sous-ordre sera, après le souverain (le peuple), le premier de l'Etat; il prendrait, par exemple, la qualification de *Tribunal supérieur*, et chacun des membres le titre de *supérieur;* il serait composé de cent membres, avec un président, des vice-présidents et secrétaires.

Les allocations annuelles devraient être de 200,000 fr. pour le président, de 100,000 fr.

pour chaque vice-président ou secrétaire, et de 40,000 fr. pour chaque supérieur.

Ces citoyens seront pris parmi les membres de l'Institut, dans la proportion de trois pour l'Académie des sciences (qui se complétera au fur et à mesure des sortants), et un dans les autres parties de l'Institut. Le peuple désignera les quatre premiers, qui compléteront ensuite successivement quatre par quatre.

Si, dans les quinze jours qui suivront la dernière nomination, le peuple n'a pas fait connaître sa volonté pour des annulations et le nom des remplaçants, le Tribunal supérieur sera définitivement constitué.

Ce tribunal correspondra avec des tribunaux établis dans chaque chef-lieu de département; les membres seront choisis parmi les membres des académies départementales, de la même manière que pour le Tribunal supérieur, qui désignera les quatre premiers membres; ils auront la qualification de *Tribunal correspondant*, et chacun ne sera composé que de douze membres, avec un président et un secrétaire. Les membres prendront le titre de *correspondant*.

La Cour de cassation, les Conseils généraux et municipaux seront supprimés.

Le Tribunal correspondant pour chaque département remplacera la Cour de cassation, pourra intervenir dans les décisions des maires généraux ou autres, et son pouvoir balancera celui des ministres. En cas de dissidence, le président du Tribunal supérieur devra décider entre les ministres et les Tribunaux correspondants; il pourra y avoir appel au Tribunal supérieur lui-même.

Tant que les maires généraux n'auront pas des ordres ministériels contraires aux décisions prises par les membres correspondants, ils devront se conformer à celles-ci.

Mais les décisions du Tribunal supérieur et de ceux correspondants n'auront lieu qu'autant qu'elles seront jugées urgentes et tout-à-fait indispensables par ces tribunaux.

Dans les villes de 40,000 âmes et au-dessus, les émoluments des correspondants seraient de 6,000 fr.; dans celles de 20 à 40,000 âmes, de 5,000 fr. ; dans celles au-dessous de 20,000 âmes, de 4,000 fr.

Chaque président ou secrétaire aurait le double.

La nomination des ministres serait faite par le Tribunal supérieur.

Celle des maires serait faite par les Tribunaux correspondants.

Les décisions des Tribunaux correspondants, si le Tribunal supérieur ne s'est pas prononcé, pourront être annulées par la majorité absolue de dix départements.

Pour être reçu membre de l'Institut, il faudrait l'approbation du président du Tribunal supérieur; et pour être membre des académies départementales, il faudrait celle du président du Tribunal correspondant.

### *Partie militaire.*

La hiérarchie militaire continuerait de subsister telle qu'elle est aujourd'hui : maréchaux de France, généraux de division, généraux de brigade, etc.

Comme il pourrait arriver que la France dût réunir plusieurs corps d'armée sous les ordres d'un seul chef, il serait créé deux vice-connétables, dont le rang serait tout-à-fait supérieur à celui de maréchal de France; ils auraient chacun un major-général ayant le rang de ce grade.

L'allocation annuelle pour un vice-connétable serait de 150,000 fr.

Leur nomination serait faite par le Tribunal supérieur assemblé extraordinairement et publiquement; elle n'aura lieu qu'autant qu'elle serait jugée indispensable, successivement pour chacun d'eux.

Les vice-connétables seront pris parmi les maréchaux de France et ceux qui auraient commandé en chef un corps d'armée.

Le président du Tribunal supérieur aurait rang de connétable.

Dans les grandes cérémonies les vice-connétables prendraient rang parmi les vice-présidents du Tribunal supérieur, et les maréchaux de France avec les ministres après les membres de ce Tribunal.

L'avancement aurait lieu pour tous les grades, jusqu'à celui de chef de bataillon inclusivement, au concours, pour les sciences mathématiques, devant l'Académie des sciences au département : tous les officiers supérieurs et un délégué de chaque grade, simple soldat compris, y assisteront, mais n'auront que voix consultative, à moins qu'ils ne fassent partie de quelque société savante. Dans ce dernier cas le colonel présiderait, s'il s'agit de nommer des sous-officiers ou caporaux.

S'il s'agit de nommer des officiers, l'Académie sera toujours présidée par le général de division, qui devra se faire remplacer par un général de brigade, en cas d'empêchement réel.

Le concours pour un caporal aurait lieu par tous les soldats du bataillon ; pour un sous-officier, par tout le régiment ; et pour un officier, par toute la division.

Toutes ces nominations seront adressées immédiatement au ministre de la guerre, pour obtenir les brevets définitifs ; il ne pourra nullement les révoquer.

Pour les grades de lieutenant-colonel et colonel, tout le corps d'armée y concourra ; tous ceux du grade postulant présenteront deux candidats, et le maréchal avec tous les officiers généraux choisiront.

Quant à l'avancement pour les officiers généraux, le concours aura lieu par tous les corps d'armée, et de la même manière qne pour un colonel ; seulement le conseil sera présidé par l'un des vice-connétables, à défaut par le plus ancien des maréchaux.

Toutes ces nominations seraient adressées, pour le brevet définitif, par le major-général au ministre de la guerre.

Il serait établi dans chaque ville de garnison une bibliothèque et des professeurs de mathématiques distingués pour les militaires. La bibliothèque se composerait de livres de sciences principalement, d'histoire et de littérature, en plusieurs exemplaires du même ouvrage.

Les officiers du génie et de l'artillerie porteraient l'aiguillette avec une vignette autour du collet, et auraient le grade supérieur à celui désigné pour leur arme. Les sous-officiers et caporaux porteraient un cordonnet d'or autour du collet, et les simples soldats l'auraient en laine. Les écoles militaires, polytechniques et autres, seraient supprimées.

A une époque déterminée de l'année, le Tribunal supérieur enverrait en tournée dans les départements quatre supérieurs pour recevoir les réclamations des citoyens.

Ils auraient chacun, à titre de frais de tournée, 100,000 fr., et recevraient les mêmes honneurs que les vice-connétables : les autorités civiles et militaires iraient au-devant. Ils seraient nommés à tour de rôle, à moins que les citoyens des départements qu'ils devraient parcourir ne les désignassent. Alors, dans le cas où il s'en trouverait qui eussent été désignés pour trois années différentes, ils prendraient immédiatement le titre de *Supérieur populaire*, et leur allocation annuelle serait portée à 80,000 fr.

Il convient de récompenser les hommes selon leurs services et leur position : ceux-ci, représentants du peuple souverain, doivent en avoir toute l'importance.

Ne comptons pas sur la vertu seulement pour base de l'édifice social que nous créons ; plus nous emploierons de matériaux, plus nous le rendrons durable et même vertueux : la stabilité faisant le bonheur des citoyens, les rendra meilleurs.

Puisse ce faible ouvrage aider au bonheur de tous mes concitoyens, et même de tous les peuples! que tous ensemble ne fassent qu'une seule et même république, avec les mêmes lois et la même langue.

www.ingramcontent.com/pod-product-compliance
Lightning Source LLC
LaVergne TN
LVHW010108230826
846091LV00005B/2140

*9782012471153*